oskar cöster

kämpfe mit engeln

wolfgang fietkau verlag

schritte fünfunddreißig

CIP-Kurztitelaufnahme der Deutschen Bibliothek

Cöster, Oskar:
Kämpfe mit Engeln: Gedichte/Oskar Cöster. –
1. – 2. Tsd. – Berlin: Fietkau, 1979.
   (Schritte; 35)
   ISBN 3-87352-035-4

oskar cöster
kämpfe mit engeln
gedichte

© wolfgang fietkau verlag, berlin 1979
grafik design christian chruxin (1961)
erstes und zweites tausend 1979
hergestellt in der werkstatt
des wolfgang fietkau verlages
ISBN 3-87352-035-4

Durchs wilde Kurdistan

Wir zählen unsere Jahre nach abgetragenen Jeans
was nützt uns daß wir sie über den Laufsteg führen
mit Anmut und Würde wie niemals ein Levi Strauß
und sie unverwechselbar verschleißen
an Knien Taschen Saum und Gesäß

Was können wir noch bestellen
in dem wir kenntlich sind
wie irgendwo bleiben und nicht verschwinden

Du hieltest es nicht für möglich
wir leben schon wieder im Krieg
es gehen bärtige Pazifisten
in zugeknöpften Armeemänteln durch die Kosmetikabteilung
ahnungslos rollt eine Stuyvesant-Generation
mit prallen Reifen im Jeep durch die Breitwand-Sahara
und ich weiß
ein paar bewohnbare Bunker an Jütlands Küste
in einem wird man mich demnächst verschwinden sehn
blitzschnell
und hart im Geben

Unser Mann

Seht nur das ist er
so sieht er aus
Jungsiegfried der Boxer
mit Südseeteint
Großkarodessin
auf dem Anzug
gekauft bei A & C
mit Zahnprothesenlächeln
massenwirkungsintensiv

Wußten Sie schon
man regiert nicht mehr ohne ihn
alles spricht dafür
er ist unser Mann

Blitzkarriere
Kind armer Eltern
Geburtsort unbekannt
doch Sohn unseres Landes
universalgebildet
und tolerant
alle Qualitäten
dynamisch
Stalingraderfahrung
liebender Vater

Sozusagen
prädestiniert

Wahlprognose

In der Hauptstadt
rüstet man wieder
millionengewappnet
zur unerbittlichen
Wahlschlacht

Schon jetzt ist den
unbewaffneten Wählern
draußen im Lande
die traditionelle
Niederlage gewiß

Wahlkampf

I

A: „Weil gestern Freitag war,
exekutierten wir das Robbenmännchen."

B: „Obwohl gestern Freitag war,
exekutiertet ihr das Robbenmännchen."

II

A: „Zwar exekutierten wir gestern das Robbenmännchen,
aber wir hatten ja schließlich Freitag."

B: „Zwar hatten wir gestern Freitag,
aber ihr exekutiertet schließlich das Robbenmännchen."

III

A: „Sowohl war gestern Freitag,
als auch exekutierten wir das Robbenmännchen."

B: „Weder war gestern nicht Freitag,
noch exekutiertet ihr nicht das Robbenmännchen."

IV

A: „Weil morgen Sonntag ist,
werden wir auch das Robbenweibchen exekutieren."

B: „Das haben wir schon besorgt,
weil heute Samstag ist."

> Als Zarathustra aber allein war,
> sprach er also zu seinem Herzen:
> Sollte es denn möglich sein! Dieser
> alte Heilige hat in seinem Walde noch
> nichts davon gehört, daß Gott tot ist!
> Friedrich Nietzsche

Sie stehen doch
auf dem Boden der
FREIHEITLICH-DEMOKRATISCHEN GRUNDORDNUNG?

Sagten sie stehen?
Ziemlich durchlöchert der Boden
die Großen machen sich darauf breit
die Kleinen haltens nur kriechend drauf aus
und fallen
stehend
hindurch

Rückzug

Sie haben sich
eine schicke Wohnung gemietet
sie haben den gleichen
Geschmack und fühlen sich
gut

Sie haben ein Poster
an der schrägen Wand
es zeigt zwei aus einer Kloschüssel ragende Hände
das finden sie „originell"

Ein Besucher sagte neulich
es könne sich dabei um einen handeln
der heraus will und nicht wie sie meinen
um einen der sich
„just for fun"
hineingelassen hat

Ihre Miete zahlen sie pünktlich
sie lassen es sich was kosten
unter sich zu sein

Unverbindliches

So-so, aha, alsdann nur Mut,
hört-hört, das ist nicht schlecht,
jawohl, sehr wahr, ja-ja, gut-gut,
wer weiß, sieh an, ganz recht.

Oho, m-hm, o Gott, ja doch,
ja, allerdings, wie nett,
nein sowas, ach, das fehlte noch,
verdammich, wie adrett.

Ja, leider Gottes, das ist wahr,
tatsächlich, nein, das stimmt,
weh mir, nicht übel, wunderbar,
sehr wohl, ganz wie man's nimmt.

Nanu, schau her, das ist mir neu,
sehr clever, find ich auch,
bemerkenswert, du meiner Treu,
das ist wohl hier so Brauch.

Nein, märchenhaft, das glaub ich gern,
was du nicht sagst, fatal,
natürlich, ja, das liegt mir fern,
so ist das nun einmal.

Wie spannend, toll, ich halt's nicht aus,
wen juckt das, und so fort,
sei froh und lach, du lieber Graus,
bei Gott, ein wahres Wort.

Da liegst du richtig, Zeit ist Geld,
das leuchtet ein, ja eben,
das ist nun mal der Lauf der Welt,
so ist das halt im Leben.

**Wasserstandsmeldung
oder Das Archimedische Gesetz**

**Nach den vielen Niederschlägen
von oben
steht mir das Wasser
bis zum Hals**

**Sollte es weiter steigen
sehe ich mich
zur Hohlheit veranlaßt:**

**Von ihr verspreche ich mir
Auftrieb**

Tarifrunde

Wie sich ein Vater
über seine Kinder
erbarmt
so
erbarmt
sich der Herr
über die
so ihn fürchten
da sich der Herr
wie ein erwachsener Vater
seiner unmündigen Kinder
so auch derer
die ihn fürchten
mit gutem Gewissen
erbarmen kann
denn der Herr
empfindet Erbarmen
gegen die
die ihn fürchten
und nur und vor allem
gegen die
so ihn fürchten
und je größer die Furcht
und je kleiner
die die ihn fürchten
desto größer
das Erbarmen
des Herrn
denn die
die sich selbst erniedrigen
die werden erhöht werden
in der Achtung des Herrn
wie denn die Furcht
und die Demut
das Unterpfand
für das Erbarmen
des Herrn

d das Erbarmen des Herrn
r Lohn für die Furcht
iner Knechte
 wahrlich groß
 der Reichtum des Herrn
ter anderem auch
 Erbarmen
 groß
ß er es verschleudert
 die so ihn fürchten
nn der Herr
t eine Schwäche
r die
 ihn fürchten
eil die
 ihn fürchten
n fürchten

Maulschellen

1

Der gewohnte Kurs

Wir sitzen alle
im selben Boot

Nur:

Die einen legen sich in die Riemen
die andern ans Steuer

2

conditio sine qua non

Jeder ist seines Glückes Schmied

Nur fingen die meisten
noch gar nicht an:
Die warten noch
auf die nötigen Kohlen

3

Die Maschen des Gesetzes der Gravitation

Es ist noch kein Meister
vom Himmel gefallen:

Für die gefährlichen Arbeiten hat man
seine Gesellen

Das Volk – eine Zwischenbilanz

Das Gros
im allgemeinen
im großen und ganzen
insgesamt
die überwiegende Mehrheit
letzten Endes
die Massen
in letzter Instanz
die Ungezählten
die Namenlosen
die Produzenten des
volkswirtschaftlichen Reichtums
die Habenichtse die
verträglichen

Wenn du dem Volk aufs Maul schaust
kannst du das Schweigen lernen

Der Geist der Geschäfte

Kennst du den Gnom von der Mönckedammzeil
das Rumpelstilzchen der Kaufstadt AG
den Däumling vom Karhof
den Kobold von C & B ah ja
oder nein na gut ein Blickfänger
ist er ja nicht schon gar
nicht inmitten von all dem Toten
und all dem Lebendigen all
dem Toten das angetuscht und poliert
und schwer und gewichtig
in den Regalen liegt und lastend
an Stangen auf Bügeln hängt
und abtropfen will und all
dem Lebendigen das sich
wabernd und wogend und schwitzend
durch die Regalreihen schiebt und
auf Rolltreppen auffährt zum
Dachgeschoß um von dort
über Überlaufrolltreppen abzufließen
wieder vom Dachgeschoß bis zum
Basement zurück nein
da fällt er nicht auf er ist
mausgrau und eine halbe Portion
und paßt spielend unter die Mäntel
der Frauen die merken das anfangs
gar nicht und denken das müßte
so sein sie hätten wohl
zugenommen oder der Mantel
wär eingelaufen bis er
behutsam aber bestimmt sich
fester und fester anschmiegt dann
merken sie daß da noch einer
atmet und glauben sie spinnen
und lachen ein bißchen stimmlos auf
und dann entscheidet sich
alles nämlich eine
Ewigkeit von Sekunde stehen sie da wie

Pik Sieben und suchen mit stumpfen Augen nach
dem deus ex machina der aber ist
ein Sonderangebot das gewahren sie
in der schwankenden Fülle und
stürzen sich drauf auf den Ramsch mit
triefenden Lippen über die Dutzendware ellbogentief
versinken sie drin sie
beugen sich weit nach vorn und spreizen
die Beine und mit Genugtuung drückt
der Wicht seine harten Konturen in
ihre schäumende weiche Partie und
wenig später ist er
schon ganz woanders und wo
er dann ist das kannst du dir denken wenn
du mal ganz genau hinhörst und
merkst ein plötzliches Tremolo
in der Stimme der Ansagerin mit dem
weiten Rock wenn sie über
Lautsprecher ausruft in allen
Etagen des Hauses vernehmbar
etwa „Mrs. Brown from Ohio
please come to the information desk
on the ground floor"

Stuhlbeschwerden

Die Erfahrungen häufen sich
daß häufig zuhauf
die Schwierig- oder Unmöglichkeit
des Häufens von Haufen
beklagt wird

Im ganzen Land
millionenfach auf Rolltreppen
stehen sie Schlange
nach Unverdaulichem

In ihre Fertighäuser
schachteln sie mindestens
einen Raum starrend
von blinkender Sanitärkeramik

Dort vollziehen sie allmorgendlich
im Leiden geübt
den ewig ergebnislosen Ritus
Sesam öffne dich

Atemringend
hängen sie auf den Schüsseln
Angstschweiß entsickert dem Schopf

Sie klemmen die Köpfe zwischen die Knie
wölben das Kreuz und
drücken die Bäuche mit den Schenkeln
hoffend das spröde Geröll
in Hektik verkohlt
in Trägheit verfestigt
durch Darmverrenkung zutage zu fördern

Schließmuskeln schnappen vergeblich
im Rhythmus der Sorge
Kacheln erblinden vor Mitleid
hie und da verliert sich ein Wind
in den endlosen Gängen
des Darmlabyrinths

Enttäuscht
bringen sie ihre Anatomie
in Stehposition
und spülen die Hoffnung
in den Kanal

Anzeigen

I

Freundliches
Dienerehepaar
für ausgedehnten
Villenbesitz
in Blankenese
dringend gesucht

II

Vorübergehend
ohne Dienerehepaar
gewesener
Millionär
in seiner
Villa in Blankenese
unter der Dusche
ertrunken
Villa
zu verkaufen

III

Zwei freundliche
Dienerehepaare
je für
neuerbauten
und zuerworbenen
Villenbesitz
in Blankenese
dringend
gesucht

Vorweihnacht im Einkaufsparadies

Meine verworrenen Träume
die ich mir aus den Lungen hechele
mit dieser gehetzten Inbrunst verbotener Vaterunser
meine gepreßten Geständnisse
meine maßlose und erhitzte Begehrlichkeit
züngeln hier gegen bläulich strahlendes Eis

Zu denken daß einmal der eine oder der andere
dieser gemieteten freundlichen Nikoläuse
für ein zwei Sekunden das Bewußtsein erlangt
mit seinem Spielzeuggewehr die Rolltreppe freischießt
und über das Parkdach in den Himmel verschwindet

Unbeschreiblich stromliniendünn
verlaufe ich mich durch die glänzende Kulisse
ich werde wieder nur
Wünsche verschenken

Up and away

Ich bin es gewohnt mein Korsett anzulegen bevor
ich das Haus verlasse es paßt mir
wie angegossen den Oberkörper
beugt es mir leicht nach vorn der Atem
wird etwas flacher und um die Lenden
wirds fürchterlich eng

Wenn ich in ihm auf die Straße trete
sage ich „Sie" zu den Menschen
und halte die Hände bei mir
in Fahrstühlen Einkaufsschlangen
und überfüllten Straßenbahnen

Neulich als ich mich einmal einzuschnüren
vergessen hatte rutschte auch prompt in der
feierabendlich vollgerammelten Linie 12
meine Hand in ein faltiges
lindgrüngeblümtes Kostüm

Heiliger Bimbam da hatte auch die
ihr Korsett vergessen und
zwischen allen den
Eingeschnürten eingekeilt festsitzend
kriegten wir beide
das Laufen

Cinema Man

Wenn ich aus einem dieser
gekonnt stilisierten Breitwanderlebnisse
in meine schmalen vier Wände komme
möchte ich manchmal
die Teppichfliesen vom Boden reißen
und mit genagelten boots
über ächzende Dielen poltern
ich betrachte mich dann im Spiegel und finde
man sollte wirklich mal schwitzen
wie dieser John Wayne und ich beschließe
mich einfach nicht mehr zu rasieren
oder aber je nach dem das hängt ganz davon ab
bin ich für fünfmal Duschen pro Tag
für dünne und sehr empfindliche Haut
für Migräne Neurosen und Heroin
und dann will ich mal nach Amerika
um zu scheitern
und dann wieder ist mir alles egal
oder ich komme ins Schwärmen
ob der verschlissenen abgewetzten Anzüge
debattierender Kommunisten zur Zeit
der Weimarer Republik

Die Nacht mit Irmtraud Morgner

Ein wenig schemenhaft sah sie schon aus so knietief
im wallenden Nebel und das Blau ihres Jeansanzugs
kam schlecht heraus aus der blauschwarzen Nacht
und sie sah auf die Uhr und die letzte
Straßenbahn war schon weg
und ich ging auf sie zu und ich sagte „Du bist doch
die Irmtraud Morgner" was sie glaub ich bejahte
und ich sagte „Komm laß uns gehn"
und dann hob ich sie hoch und sie legte
die Beine um meine Hüften um meinen Nacken
die Arme und hatte nichts gegen meine wehende
Whiskyfahne wirklich sie war
so leicht wie ne Feder und ich
hatte nichts von so nem besitzergreifenden Pavianmännchen
und nicht mal ne Erektion und sie
war kein bißchen ironisch es war überhaupt
nur eitel Freude und komisch
nichts erinnerte mich
an das was war am vergangenen Tag
an dem ich nach ein paar Seiten der „Trobadora Beatriz"
im Katalog der Biennale die venezianische
„Tram Stop" von Joseph Beuys
gesehn und einen smarten
aber zu teueren Jeansanzug
anprobiert hatte bevor ich zu Haus
im Briefkasten ne Ansichtskarte fand
von meiner alten Freundin Irmtraud B.
und ins Strandbad ging und dort
einer Frau zusah die ihr schlafendes Baby
vorm Bauch durch die Sonne trug
die Beine des Kleinen um ihre Hüften gelegt
sie summte und ich
summte da einfach mit und später
war ich kurz auf ner Fete
und hab mich an Whisky gehalten
und bin so zwischen Nacht
und Morgen ins Bett und komisch

nichts davon
als ich sie trug langsam und ruhig
durch knietiefen weißen wallenden Nebel
der Strudel bildete hinter den watenden Schritten
hinein in die blauschwarze Nacht
so wirklich alles
und schade
ein irrsinnig starkes Bild

Nachtexpreß

Hast du Lust wir reiten noch eben
mit unserem dröhnenden Wrack zum Hauptbahnhof
und stecken den Brief ein
nachts wird dort stündlich geleert
den Dankesbrief unfrankiert an Mr. and Mrs. Nobody
wir könnten auch gleich unsre schöne Heimeligkeit
in eines der Schließfächer schieben
und den Schlüssel auf einen durchfahrenden Güterzug werfen
überhaupt geht ja nichts über die zugige Poesie
einer nächtlichen Bahnhofshalle
wir könnten zum Beispiel
am Zeitungskiosk ein Pornoheft kaufen
und eine Tageszeitung in einer uns nicht geläufigen Fremdsprache
und könnten sie bei zwei Stehbieren
vor dem Schnellimbiß breit entfalten
und könnten den aus dem eisig besternten Himmel
vom Nord- bis zum Südeingang durch die Halle greifenden Hauch
ein bißchen in den Seiten rascheln lassen
wir könnten unsere leeren Augen
in Köpfen mit einer herrlich aschfahlen Neonbräune
unstet mal an einen schwankenden Penner heften
der die schwere Schwingtür aufstoßen will zu den Pissoirs
und mal an die beiden uniformierten
unauffällig ihre Kreise ziehenden Bahnpolizisten
mit der schußbereiten Hand am Walkie-Talkie
und mal an die knospenden Knaben
in engem Leder
und wir könnten zum Bahnsteig gehen
und uns vor einen Fahrplan stellen
und die Abfahrtszeiten auswendig lernen
und wir könnten auch nur so tun als ob
und während ein Zug von fern heranrast
mit hochgezogenen Augenbrauen und angehaltenem Atem
schwelgen für eine lange Sekunde
in der komischen Eitelkeit
schlecht verkleideter Helden

Hurricane

Keiner weiß
kommt sie direkt aus den Slums von New York
brach sie aus
aus dem gesicherten Charme einer Reeder-Ehe
aus dem Edel-Puff von Madame
aus dem klingenden Frieden eines Großraumbüros
sie warf sich über den Horizont
ohne lange Vorrede
und steht da
stellt sich vor die Sonne breitbeinig
ein Urmutter-Gäa-Typ mit entwurzelten Bäumen im Haar

Sie spuckt einen Kaugummi in den Straßenstaub
reckt sich langt hinter sich
greift in den Himmel
entwindet den Eisenmasten des E-Werks
zwei zuckende Überlandleitungen
shame on Laokoon wie sie weißglühend aufragt aus der Ebene
und die zuckenden Drähte wirbelt
über ihrem Haupt und über dem weiten Land
und sich herumwirft in fegenden Pirouetten
daß das Laub den Bäumen davonfliegt wie Vögel in Panik
ein Brechen geht durch die morschen Baracken
Gefugtes fällt in sich zusammen
Verwurzeltes kriegt einen unwiderstehlichen Drive
und der ehemals hagere Handlungsreisende
(aufgerissenen Arsches da alles
Backenzusammenkneifen nichts half)
findet sich aufgepumpt neben dem Schutt des Motels

Das alles läßt sie zurück
sie wirft den Kopf in den Nacken
ein schrilles Auflachen und mit einem aus dem Stand gesprungenen Flop
fliegt sie über den Horizont
und heißt Linda Molly
oder Jane

Lied

ich könnte dir von meiner Liebe singen
wie von einer schönen Geste
wie von einer blauen Luftschlange
die leicht bewegt im Aufwind steht
und wartet
daß du
wie du lachend daherkommst
dich in sie hineindrehst
und sie um dich schlingst
in vielen nahen Umwicklungen
die du lösen und abstreifen kannst
und zertrennen: zart
wären sie nämlich
und ganz aus Papier

Überfahrt

Das Auf und Ab des Schiffskörpers in den Wellen leiht
dem Bild vom Spielball der Götter über Untiefen
eines seiner banalsten Exempel

Was soll ich sagen wir haben Ende August
und vier Wochen erholsamer Nichtexistenz
sind totgeschlagen
jetzt ist Windstärke 7
und manche unbefriedigte Mutter zerrt
ihr plärrendes Gör unter Deck
ein cholerischer schilddrüsenleidender wirbelnder Mensch
rennt mit einem Wälzer herum
und hat Schwierigkeiten mit dem Datum auf dem Chronometer
beim Zurückstellen der Uhr um eine Stunde

Auf den Gängen wird endlos geflippert
oder sinnsetzend Schlange gestanden
nach einer Stange Zigaretten am duty-free shop
oder einem Billet zum Großen Skandinavischen Buffet
ein paar Radamateure lagern schlafsackumhüllt in den Nischen
und verdösen den Tag im öligen Mief der Wagendecks
in den Kabinen ist für Frischluft gesorgt
aus den Windschächten fällt das Schluchzen entwurzelter Malayen
die hier ihren Dienst tun in den unteren gastronomischen Rängen

Eine ganze Nacht noch bis ich meinen Fuß setze
vom schwankenden Wasser
wieder auf schwankendes Land
und wenn ich das Licht ausknipse
sehe ich neben dem Schalter den roten Knopf
mit der Aufschrift „Stewardess"

Alles fällt

und es gibt kein Halten
in einem Faradayschen Käfig
falle ich durch den Schacht der Zeit
auf mich fallen die Flüche der Ahnen
die Blitze fallen
in den Schutt der hingesunkenen Paläste
es fällt das Laub
ein Spielzeug fällt hin
und die Äpfel fallen schwer auf die Erde
der Regen fällt und nimmt den bröckelnden Putz mit nach unten
scharenweis fallen die Engel vom Himmel
ich falle aus mir
aus der Welt aus der Rolle
ich falle aus allen Wolken
Wörter Sätze fallen aus mir heraus
wie Münzen aus einer schadhaften Tasche
es fallen die Winde verheerend ins Land
Heere fallen ins Land und fallen
es fallen die Uhren
die Spiegel die Bilder von ihren Wänden
ununterbrochen fallen die Bomben
es fallen die Köpfe
und es fällt mir der Mageninhalt aus dem Gesicht
ein Blick fällt auf mich
und fällt auch an mir vorbei
die Würfel sind längst gefallen
ich falle unendlich schwer auf das Bett
und falle und falle nicht
in den Schlaf

Kämpfe mit Engeln

Nachts
steigen die alten Leute von ihren Wänden
und gehen mit ehernen Schritten
durch unsere Zimmer
sie fassen unsere Möbel hart an
alles Offene schließen sie
und unsere lockere Beiläufigkeit
füllt sie mit Zorn
was liegen blieb heben sie auf
sie räumen und rücken zurecht
und richten schrecklich unfehlbar
die scharfen Kanten winkelgenau
sie stellen unsere Wecker um Stunden vor
und wenn uns der metallische Schreck
aus dem Schlaf wirft
und sie in ihre Rahmen zurückgekehrt
wartend mit ihren entsetzlich ruhigen Blicken
daß wir uns taumelnd
in ihren Ecken und Zacken verrennen
wir aber nehmen es auf uns allmorgendlich
und werfen uns schlaftrunken in ihre Geometrie
die wir über den Haufen werfen allmorgendlich
und aus der wir hervorgehen
abend
mit unserer blutenden wunderbaren nackten schutzlosen Schönheit

Oskar Cöster, geboren 1949 in Breitenheim/Bad Kreuznach, Banklehre, Abitur in Mainz, Studium der Philosophie, Theologie, Politologie und Literaturwissenschaft in Hamburg. Schreibt an einer Dissertation über Hegels Rechtsphilosophie.

Veröffentlichungen: Gedichte in Zeitungen, Zeitschriften, Anthologien und im Rundfunk. Literaturkritische Arbeiten. Epigramme und ein Essay im Band 12 der Reihe „Projekt Deutschunterricht", Metzler Verlag, Stuttgart, 1978.

die reihe «schritte»

jeder band 36 seiten, 14 x 16 cm, klebebindung,
weißer umschlagkarton, farbiges vorsatzblatt.
einzelausgaben dm 4,–,
im abonnement, auch rückwirkend, dm 3,50.

herbst 1979

dorothee sölle: fliegen lernen
gedichte. 84 seiten, dm 12,–

wolfgang fietkau verlag, gabainstraße 5, 1000 berlin 46